Hitler und Luther 1933

Günter Brakelmann

Evangelische Perspektiven
Eine Schriftenreihe des Kirchenkreises Bochum

Band 1:
Günter Brakelmann, Hitler und Luther 1933

Herausgeber:
Kirchenkreis Bochum
Westring 26
D-44787 Bochum
Telefon 0234 / 962 904-00
Web: www.evkirchebochum.de
e-Mail: info@evkirchebochum.de

In Kooperation mit der Evangelischen Stadtakademie Bochum
Redaktion: Jürgen Klute

Hitler und Luther 1933

Günter Brakelmann

Vortrag gehalten am 29. Januar 2008
in der Evangelischen Stadtakademie Bochum

Verlag Books on Demand GmbH, Norderstedt

Bibliographische Information der Deutschen Bibliothek:
Die Deutsche Bibliothek verzeichnet diese Publikation in der Deutschen Nationalbibli-
ographie; detaillierte bibliographische Daten sind im Internet
unter http://dnb.ddb.de abrufbar.

1. Auflage Oktober 2008
© Günter Brakelmann
Umschlagentwurf und Layout: Q3 design, Dortmund

ISBN-13 9783837071245

Herstellung und Verlag:
Books on Demand GmbH
Gutenbergring 53
D-22848 Norderstedt
Telefon (+49) 0 40 / 53 43 35-0
Telefax (+49) 0 40 / 53 43 35-84
Web: www.bod.de
e-Mail: info@bod.de

Inhalt

Vorwort

Im 75. Jahr nach der Machtübernahme durch die Nationalsozialisten im „Wendejahr 1933" – ein weithin vergessenes Jubiläum; in einer Zeit der Renaissance neonazistischer Ideologie, die – bürgerlich verbrämt – Anschluss an die offener gewordenen gesellschaftlichen Diskurse sucht, weist Günter Brakelmann mit seinem Vortrag „Hitler und Luther 1933' in solider Erinnerungsarbeit auf eine spezifische Gefährdung des Protestantismus hin.

Dieser Vortrag wurde am 29. Januar 2008 in der Evangelischen Stadtakademie Bochum gehalten. Beim Hören und Lesen wird man sehr nachdenklich. Gerade wenn man der Evangelischen Kirche verbunden ist.

„Hitler und Luther 1933" eröffnet eine Schriftenreihe des Evangelischen Kirchenkreises Bochum, die künftig in loser Folge erscheinen wird. Theologische Erinnerungen und Einmischungen für eine Kirche mit Zukunft, die ihre Herkunft – in ihrer ganzen Ambivalenz – nicht vergisst und eben darum – weil sie ihre Herkunft nicht vergisst – umso mehr Kirche der Freiheit sein kann.

Bochum, Oktober 2008

Fred Sobiech,
Superintendent des Ev. Kirchenkreises Bochum

Evangelium im Dritten Reich
für Groß-Berlin

Jahrgang 2, Nr. 6   Sonntag, 5. Februar 1933

**Mit uns der Sieg, mit uns das Feldgeschrei:
Deutschland erwache! Deutschland du bist frei!**

Diese Worte aus dem Sturmlied unseres Wilhelm Kube haben wir in den Jahren der Schmach und Schande so oft als heiligen Schwur gen Himmel schallen assen. Jawohl, wir glaubten an den Sieg, wir kämpften um den Sieg, und unser Herrgott gab uns den Sieg. Heute steht unser Führer

Adolf Hitler

als Reichskanzler an der Spitze des Deutschen Reiches.

Nach all dem Kampf, nach all den blutigen Opfern der hinter uns liegenden 4 Jahre, falten sich für einen Augenblick nun unsere Hände und stille zieht durch unsere dankerfüllten Herzen des alten Martin Rinckart's schlichtes Dankgebet:

**„Nun danket alle Gott mit Herzen, Mund und Händen,
Der große Dinge tut an uns und allen Enden."**

Wer so denkt und mit uns Gott danken will, der komme zu unserem nachstehend angezeigten Dankgottesdienst in St. Marien.   **Karl Fahrenhorst.**

**Die Glaubensbewegung „Deutsche Christen" veranstaltet am Freitag, dem
3. Februar 1933, in der St. Marienkirche, abends 8 Uhr**

einen

Dankgottesdienst

Die Predigt hält der Reichsleiter, Pfarrer Hossenfelder.

Alle Nationalsozialisten und Deutsche Christen, die mit uns Gott danken wollen für den Sieg des 30. Januar 1933, nehmen an diesem Gottesdienst teil.

Telegramm unseres Reichsleiters an den Führer des neuen Deutschlands Adolf Hitler.

Sie und das Deutsche Volk beglückwünsche ich zu dem durch Gottes Fügung gestalteten Ergebnis des 30. Januar. Als Reichsleiter der Glaubensbewegung „Deutsche Christen" versichere ich Sie, mit unserem Gebet hinter Ihnen zu stehen.

    Hossenfelder.

Evangelium im Dritten Reich für Groß-Berlin, 6/1933
(Archiv G. Brakelmann)

Günter Brakelmann

Hitler und Luther 1933

Eine Vorbemerkung: Es geht im folgenden nur um eine quellenorientierte Darstellung, wie 1933 im deutschen Protestantismus mehrheitlich das Thema Luther – Hitler verhandelt worden ist.

Die Kirchen als Adressaten der politischen Botschaft Hitlers

Am Spätabend des 1. Februar 1933 verliest der neue, von Hindenburg ins Amt berufene, neue Reichskanzler Adolf Hitler im Rundfunk einen „Aufruf der Reichsregierung an das deutsche Volk." Es fällt auf, dass dieser Aufruf durchsetzt ist mit vielen religiösen Vokabeln und christlichen Redewendun-gen.

Er beginnt mit den Sätzen: „Über 14 Jahre sind vergangen seit dem unseligen Tage, da, von inneren und äußeren Versprechungen verblendet, das deutsche Volk der höchsten Güter unserer Vergangenheit, des Reiches, seiner Ehre und seiner Freiheit vergaß und dabei alles verlor. Seit diesen Tagen des Verrats hat der Allmächtige unserem Volk seinen Segen entzogen. Zwietracht und Hass hielten ihren Einzug ....'[1]

Er zeichnet das Bild eines totalen moralischen und politischen Verfalls des deutschen Volkes unter dem Ansturm des Kommunismus. Er konstatiert: „Angefangen bei der Familie, über alle Begriffe von Ehre und Treue, Volk und Vaterland, Kultur und Wirtschaft hinweg bis zum ewigen Fundament unserer Moral und unseres Glaubens, bleibt nichts verschont von dieser nur verneinenden, alles zerstörenden Idee. 14 Jahre Marxismus haben Deutschland ruiniert. Ein Jahr Bolschewismus würde Deutschland vernichten."[2]

Die Männer der neuen Regierung bezeichnet Hitler als nationale Führer, die Gott, ihrem Gewissen und dem Volke verantwortlich seien, um das Reich aus dem Elend zu neuer Größe zu führen.

Hier und an anderen Stellen stellt Hitler sich unentwegt als einen Menschen und Politiker dar, für den es selbstverständlich ist, Christentum und christliche Moral zum Fundament des neuen Reiches zu machen. In seiner Sportpalastrede vom 10. Februar 1933 verspricht er: Wir wollen „dieses geeinte deutsche Volk wieder zurückführen zu den ewigen Quellen seiner Kraft, wollen durch eine Erziehung von klein an den Glauben an einen Gott und den Glauben an unser Volk einpflanzen in die jungen Gehirne."[3]

Und am Ende dieser Rede ruft er pathetisch aus: „... ich kann mich nicht loslassen von dem Glauben an mein Volk, kann mich nicht loslassen von der Überzeugung, dass einmal doch die Stunde kommt, in der die Millionen, die uns heute verfluchen, dann hinter uns stehen und mit uns begrüßen werden das gemeinsam geschaffene, mühsam erkämpfte und bitter erworbene neue Deutsche Reich der Größe und der Ehre und der Kraft, der Herrlichkeit und der Gerechtigkeit. Amen."[4] (Hitler dürfte der erste Politiker gewesen sein, der eine Wahlrede mit Amen beschließt.)

Und immer wieder betont er in den ersten Wochen und Monaten nach der Machtübergabe die moralisch-pädagogische Rolle der beiden großen Konfessionen beim Neuaufbau Deutschlands. Schon am 4. Februar 1933 wird verboten, in Wort und Schrift Religionsgesellschaften des öffentlichen Rechts zu beschimpfen oder verächtlich zu machen. Dies ging gegen die Freidenkerverbände und die kommunistische Gottlosenbewegung., die schärfsten Kritiker von Religion und Kirche.[5] Die Kirchen waren ihm für diese staatliche Hilfestellung im Kampf gegen den Atheismus sehr dankbar.

In den Wochen und Monaten nach dem 30. Januar 1933 gab es im ganzen Reich eine unendliche Fülle von so genannten „braunen Gottesdiensten": Es gab Massentrauungen und Massentaufen zuvor aus der Kirche ausgetretener Nationalsozialisten. SA und andere NS-Formationen nahmen geschlossen an Gottesdiensten in Kirchen, an Waldgottesdiensten, an Feldgottesdiensten und Gedenkgottesdiensten teil. SA-Kapellen übernahmen musikalisch-liturgische Aufgaben. Bei nationalen Erinnerungsfeiern und NS-Einweihungsfeiern hielten Pfarrer religiös-patriotische Reden. Hier in Bochum hat der Altstadtpfarrer Dr. Siebold, der damals bekannteste Deutsache Christ, unentwegt bei Aufmärschen, Treuekundgebungen, Erinnerungsfeiern, Einweihungen und Eröffnungsfeiern geredet. Aber nicht nur er, fast alle Prediger, auch wenn sie keine Deutsche Christen waren, haben die neue politische Situation begrüßt und in ihr eine neue Chance für die Volkskirche gesehen.

Geht man das NS-Tagesschrifttum dieser Zeit durch, so ist nichts von einer Polemik gegen die Kirchen oder gegen das Christentum zu finden. Es sieht so aus, als käme es zu einem neuen Schulterschluss, zu einem neuen Gleichschritt zwischen Nation, Volk und Kirche.

Aus: Bildbericht für das deutsche Christenvolk, 3/1933
(Archiv G. Brakelmann)

Die evangelische Antwort auf Hitlers Ansprache an die Kirchen

Die evangelische Kirche ihrerseits ging nach kurzem anfänglichen Zögern mit ihren kirchenleitenden Organen auf die neue machtpolitische Situation ein.[6] Symptomatisch ist die so genannte Osterbotschaft vom 11. April 1933 des EOK der Altpreußischen Union, zu der rund 2/3 der deutschen Protestanten gehörten: „Die Osterbotschaft von dem auferstandenen Christus ergeht in Deutschland in diesem Jahr an ein Volk, zu dem Gott durch eine große Wende gesprochen hat.

Mit allen evangelischen Glaubensgenossen wissen wir uns eins in der Freude über den Aufbruch der tiefsten Kräfte unserer Nation zu vaterländischem Bewusstsein, echter Volksgemeinschaft und religiöser Erneuerung. ... Die Kirche ist freudig bereit zur Mitarbeit an der nationalen und sittlichen Erneuerung unseres Volkes."[7]

Es sieht so aus, als würden Glaubensgenossen und Parteigenossen sich zu gemeinsamer Arbeit an einer Neuwerdung des Volkes treffen. Die Kirchen erhofften sich neue Impulse für die Gemeindearbeit und für eine nationale Volksmission.

Nicht zu zählen sind in der evangelischen Publizistik dieses Jahres 1933 die Artikel, die den 30. Januar als Anbruch einer neuen politischen Zeit, verbunden mit einem Neuaufbruch der Kirche als Volkskirche, jubelnd begrüßen.[8] Die Freude über den Untergang der ungeliebten Republik war bei Kirchenleitungen, evangelischen Verbänden und in der Pfarrerschaft sehr ausgeprägt. Die meisten evangelischen freien Verbände vollzogen ohne staatlichen Druck aus Überzeugung die Selbstgleichschaltung. Die Zurückhaltung oder entschiedene Ablehnung des Nationalsozialismus durch theologisch-liberale und religiös-sozialistische Kreise – nur sie waren traditionell gegen die völkische und nationalsozialistische Bewegung – gingen unter angesichts der Jubel-gesänge des mehrheitlichen Kirchen- und Milieuprotestantismus.[9] Liberale und Sozialisten waren nur eine kleine Minderheit in den Gemeinden und fehlten in kirchenleitenden Organen fast vollständig.[10]

Hitler gewann die Reichstagswahlen vom 5. März 1933 im Bündnis mit der Deutschnationalen Volkspartei, zu der die Mehrheit der kirchlichen Führungsgruppen gehörte. Seine Mehrheiten holte und bekam er in den protestantischen Regionen und Ländern des Nordens, allerdings nicht in den Großstädten.[11]

Evangelium

im Dritten Reich

Sonntagsblatt der Deutschen Christen

Herausgeber: Pfarrer Joachim Hossenfelder, Berlin SW 61, Großbeerenstr. 64

JAHRGANG 2   BERLIN-SCHÖNEBERG, 5. MÄRZ 1933   NUMMER 10

Das Hakenkreuz auf der Brust und das Christuskreuz in der Brust erfüllen wir am 5. März unsere Pflicht für Volk und Kirche und wählen die Liste 1 der Hitlerbewegung.

Deutscher Christ!

Deine Kirche ist bedroht von der großen internationalen Front der Gottlosen. Denke an ihre niedrigen Schmähungen alles dessen, was uns heilig ist! Denke daran, wie sie in Rußland Kirchen zu Kinos, Getreidespeichern, Viehställen gemacht haben, wie sie herrliche alte kirchliche Bauwerke in haßerfüllter Zerstörungswut in die Luft sprengten! In Deutschland hat die braune Front durch Hunderte von Opfern auch die Kirchen vor den Gottlosen geschützt. Dein Dank besteht darin:

Du wählst am 5. März Liste 1

Wer hat die weltlichen Schulen aufgehoben, so daß Deine Kinder wieder etwas von Religion hören und lernen werden? Der Nationalsozialismus! Wer macht die Schulen frei von den jüdisch-marxistischen Experimenten der Herren Löwenstein, Karsen (— lies Krakauer —) und ähnlicher Größen? Der Nationalsozialismus! Wer kämpft für neuen Familiensinn und für reine deutsche christliche Sitte? Der Nationalsozialismus! Wer hilft Deinen Kindern wieder eine Zukunft bereiten? Der Nationalsozialismus! Darum gibt es für Dich nur eine Pflicht:

Du wählst am 5. März Liste 1

Evangelium im Dritten Reich 10/1933
(Archiv G. Brakelmann)

13

Das Bündnis von Nationalprotestantismus und Nationalsozialismus

Die Frage ist, welche tieferen Gründe es gegeben hat, dass die Regierung der „nationalen Erhebung", die sich bald als Regierung der „nationalen Revolution" interpretierte, ihre entscheidende Basis in Mehrheiten des kirchlichen Protestantismus und in Mehrheiten des nationalkonservativen Milieuprotestantismus gehabt hat. Natürlich gibt es ein Bündel von Gründen, die zu dem Bündnis von Nationalprotestantismus und Nationalsozialismus geführt haben.[12]

Große Übereinstimmungen und Ähnlichkeiten gab es zunächst in der kritischen Interpretation der geistesgeschichtlichen und politikgeschichtlichen Entwicklungen im 19. und beginnenden 20. Jahrhundert. Geht man die zeitkritischen Analysen aus protestantischen Federn in Kirchenzeitungen, Broschüren und Büchern durch, so lassen sich folgende analytische Bewertungen für 1933 fast stereotyp immer wieder finden:

1. Das Jahr 1933 beendet eine deutsche und europäische Epoche. Es bedeutet die Überwindung des bürgerlichen Liberalismus. Dieser lebte von den „Prinzipien von 1789", der politischen und philosophischen Aufklärung. Diese setzten das Individuum mit seinen Rechten und Bedürfnissen in das Zentrum von staatlicher und gesellschaftlicher Organisation. Dieser individualistische Liberalismus führte zur Auflösung einer organisch gegliederten Gesellschaft als Gemeinschaft der von Natur und Geschichte ungleichen Menschen.

2. Dieser Liberalismus führte in Weltanschauung und Lebenspraxis der atomisierten Einzelnen zu Rationalismus, Materialismus und Atheismus. Die überkommene Religiosität, die dem Menschen Sinn für das eigene Leben und Sinn für das gemeinsame Leben gegeben hat, wurde aufgelöst zugunsten selbstmächtiger, selbstgeschaffener Bindungen und Zuordnungen. Der Mensch wurde der autonome Schöpfer seines eigenen Ordo und seiner eigenen Ethik. Eine anthropozentrische Mentalität und Kultur wurden Wirklichkeit. Die Bindung an objektive Normen und Werte , wie sie etwa die 10 Gebote vermitteln, wurde aufgelöst zugunsten eines Verhaltens, das von menschlichen Bedürfnissen und Trieben bestimmt wurde. Unter dem großen Stichwort der neuzeitlichen Emanzipation wurde aber nichts anderes betrieben als eine systematische Selbstvergottung des Menschen. Sie aber führte zur Selbstzerstörung des Menschen.

3. Der weltanschauliche Liberalismus in Theorie und Praxis verband sich mit der politischen Doktrin des Demokratismus, der naturgegebene Ordnun-

gen und natürliche soziale Zuordnungen zugunsten eines formalen Gleichheitsprinzips aufgab. Das demokratische Mehrheitsprinzip löste nach und nach die Balancen der persönlichen und gesellschaftlichen Ungleichheiten auf. Und das reine Mehrheitsprinzip zerstörte zudem die notwendigen Autoritäten im Zusammenleben der Menschen.

4. Die angewandten liberal-demokratischen Prinzipien zerstörten das jahrhundertealte praktische Sozialethos zugunsten eines egozentrischen Durchsetzungsprinzips. Ein rücksichtsloser Verdrängungswettbewerb war die Folge. Soziale Gesinnung und Verantwortung für den anderen, Dienst- und Opferbereitschaft für die Gemeinschaft verloren an Wert. Überhaupt setzte ein allgemeiner Wertezerfall ein. Der allgemeinen Gottlosigkeit korrespondierte eine allgemeine Morallosigkeit. Ein religiös-praktisches Ethos wurde durch ein substanzloses Pathos der menschlichen Selbstverwirklichung ersetzt.

5. Die Institutionen der Ehe, der Familie und des Staates verloren unter der Direktion einer säkularistischen Emanzipation ihre die Menschen und ihre Gesellschaft stabilisierenden Funktionen. Die Ordnungen besaßen keinen Eigenwert mehr für die Erhaltung und den Schutz einer wertorientierten gemeinsamen Kultur, sondern wurden zu unverbindlichen Größen, gestaltet nach eigenem und wechselndem Geschmack. Vor allem der Staat verlor seine fundamentale Rolle als obrigkeitlicher Garant öffentlicher Sittlichkeit. Er wurde seiner metaphysischen Verankerung beraubt wie seiner hoheitlichen Funktionen entkleidet.

6. Folge und Inbegriff des materialistischen und atheistischen Denkens waren die durch den bürgerlichen Liberalismus geistig vorbereiteten proletarischen Bewegungen des Marxismus, des Sozialismus und Kommunismus. Sie alle sind nur verschiedene Ausprägungen des einen neuzeitlichen Urgebrechens: des Geistes der aufgeklärten Emanzipation.

7. Unter den Massenbedingungen der industriellen Gesellschaft schlug der liberale Individualismus um in den sozialistischen Kollektivismus. Beide aber, Liberalismus wie Marxismus in all seinen Spielarten sind der Tod einer christlichen Lebens- und Kulturwelt.

Dieses geistesgeschichtliche Gemälde als radikale Kritik an der Moderne ist in unendlichen Variationen anwesend im kirchlichen und theologischen Schrifttum, lange vor dem 30. Januar 1933. Zeit- und Kulturkritik sind schon immer die Domäne kirchlicher Publizistik gewesen. Sie ist auch in der Endphase der Republik und in der Frühphase des Dritten Reiches, was sie seit einem Jahrhundert (seit Wicherns Zeiten) im Durchschnitt immer gewesen war:

- antiaufklärerisch,
- antiliberal,
- antidemokratisch,
- antisozialistisch und
- antikommunistisch.

Mit diesem eigenen Erbe kann der größte Teil des Protestantismus in das „Wendejahr 1933" gehen und seinen Beitrag zur geistigen Fundierung der „nationalen Revolution" anbieten. Hitler musste nicht erst durch Agitation die Mehrheit der Protestanten gewinnen, sondern konnte sie abholen und einbinden in seine nationalistische Sammlungsbewegung.

Protestantisch-kirchlicher Antisemitismus

Die große Klammer nun, die sich um alle antithetischen Positionen zur Moderne legte, war der politische und kulturelle Antisemitismus, wie er sich seit den siebziger Jahren des 19. Jahrhunderts im Protestantismus entwickelt hatte. Dieser Antisemitismus machte für das Aufkommen aller modernen Irrtümer in Sonderheit das moderne emanzipierte Judentum verantwortlich:

- Juden sind die Agitatoren für den Geist des Liberalismus in Politik und Kultur, sie sind die Vorkämpfer für Demokratie und individuelle Menschenrechte.

- Sie propagieren einen lasziven ungebundenen Lebensstil, sie polemisieren gegen christliche Ethik, sie verspotten kirchliche Gebräuche und volkskirchliche Sitten, sie verbreiten in Presse und Literatur einen materialistischen und hedonistischen Geist, sie bringen schlüpfrige und kitschige Theaterspiele auf die Bretter und produzieren unmoralische Filme.

- Sie lösen alle zwischenmenschlichen Bande auf in ökonomische Zweckbeziehungen. Sie sind die Hauptträger des kapitalistischen Wirtschaftsgeistes und der ihm entsprechenden unbarmherzigen Praxis. Sie beuten Mittelstand, Handwerk und Arbeiterschaft aus zwecks Anhäufung ihres persönlichen Reichtums. Sie bestimmen Banken und Börsen und bringen alle ehrliche Arbeit in ihre Wucherhände. Sie bauen sich prächtige Villen und demonstrieren eine protzige Hofhaltung.

- Überdurchschnittlich sind sie an der Kriminalitätsrate beteiligt. Die kriminelle Unterwelt ist fest in ihren Händen. Im Krieg haben sie sich vor den Fronteinsätzen gedrückt, in der Heimat sich als Kriegsgewinner unverschämt bereichert. In der staatlichen Verwaltung und in privaten Sektoren haben sie sich gegenseitig die Posten zugeschoben.

- Ihrer Rolle im wüstesten Kapitalismus entspricht auf der anderen Seite ihre Rolle im revolutionären Marxismus und Sozialismus. Diese beiden sind Produkte des jüdischen Geistes eines Karl Marx und eines Ferdinand Lassalle. Führende deutsche Sozialdemokraten in der Kaiserzeit, in der Revolutions- und Republikzeit waren Juden, glaubens- und morallose Juden. Auch der Bolschewismus ist eine revolutionäre Filiale des weltweit agierenden Judentums, das die Weltherrschaft gewinnen will.

- In Kunst und Literatur sind die Juden die Hauptträger des so genannten Kulturbolschewismus und die Agitatoren für Freidenkertum und Gottlosenbewegung.

Kurzum: überall, wo sich der Säkularismus austobt und sein nihilistisches, zerstörerisches Werk betreibt, sind Juden in verschiedenen Kleidern und in verschiedenen Funktionen die führenden Geister. Sie inszenieren die „Entfesselung der Unterwelt", um die christlich-germanische Kultur zu zerstören als Voraussetzung für die Erringung der eigenen weltweiten Vorherrschaft.

Diese antisemitischen Versatzstücke, diese Summe einzelner Beobachtungen, Behauptungen und Überzeugungen, Konstruktionen und Vorurteile sind nicht nationalsozialistischem Schrifttum, sondern zeitgenössischer kirchlicher Publizistik entnommen, die diesen Typos kulturantisemitischer Analysen, Polemiken und Feindschaften seit Adolf Stoeckers Zeiten entwickelt hat.[13]

Dieser Protestantismus kann auch hier wieder sein eigenes Arsenal an kulturellem und politischem Antisemitismus in den nun Staatsdoktrin werdenden Antisemitismus einbringen. Man hat durch Jahrzehnte hindurch mentalitätsmäßig ein Klima mitgeschaffen, das die Zustimmung zur neuen Juden-gesetzgebung guten Gewissens ermöglicht hat.[14]

Was aber auffällt, ist die Tatsache, dass der Antisemitismus im Raum der Kirche nicht vorrangig rassischer Antisemitismus gewesen ist. Das unterscheidet ihn vom nationalsozialistischen Antisemitismus, der zentral vom Rassengedanken her strukturiert ist. Wie bei Stoecker und anderen christlichen Antisemiten ist die Judenfrage zu Ende, wenn sich ein Jude zur Taufe entschließt, die christliche Lehre akzeptiert und nach christlicher Ethik leben will. Genau dies aber ist für den Rassenantisemiten nicht nachvollziehbar. Für ihn bleibt auch der getaufte Jude ein „Rassejude" mit unveränderlich destruktivem Charakter.

Protestantische Kulturkritik und nationalsozialistische Zeitkritik

Was zu konstatieren ist, ist also eine große Affinität zwischen national-konservativer protestantischer Kulturkritik und nationalsozialistischer Geschichts- und Zeitkritik. Beide Positionen sehen die Moderne vorrangig als eine Zeit des Verfalls, der nur in der Form einer radikalen geistigen Neubesinnung zu überwinden ist, begleitet von radikalen Zerstörungen der Institutionenwelt des bürgerlich-materialistischen Zeitalters mit seiner Tendenz zu atheistisch-materialistischen Zuständen. Der Weg zu einer neuen Lebenswelt kann deshalb nur radikal und total sein.

Die Angst machenden Untergangsgemälde, die NS-Denker und kirchliche Interpreten verbreiteten, bereiteten bei vielen Zeitgenossen den Boden für die Bereitschaft vor, sich auf den Denkstil und Handlungstypos „Entweder-Oder" einzulassen, ihre eigene Zeit als gleichzeitig religiöse und politische apokalyptische Entscheidungszeit zu interpretieren. So heißt es im evangelisch-lutherischen „Monatsblatt für Westfalen" zu den Wahlen am 5. und 12. März 1933: „Die Fronten sind klar. Der 5. März und nach ihm auch der 12. März soll ein weithin hörbares Bekenntnis werden: wir wollen Deutschland und nicht eine goldene, nicht eine schwarze, nicht eine rote Internationale; wir wollen Volksgemeinschaft und nicht Klassenkampf; wir wollen Gewissensfreiheit und im Lande der Reformation freie Bahn für das Evangelium; nicht aber Geistesknechtung durch Marxismus, Jesuitismus und Semitentum."[15]

Es geht gegen die Schwarzen, die Roten und die Goldenen (gegen Schwarz-Rot-Gold). Diese alle haben je auf ihre Weise Deutschland zerstört. Ein Neubeginn erfordert ihre Ausschaltung als geschichtlich wirkende Kräfte. Die eingeleiteten staatspolitischen Maßnahmen gegen den Marxismus, gegen die Linksparteien und gegen das Judentum mögen in Einzelfällen hart sein – das wird durchaus gesehen –, aber die politische Macht muss um ihrer Neuordnungsziele willen unbarmherzig durchgreifen. Der neue Staat kann den alten Mächten des Verderbens keine Existenzchance mehr geben. Entrechtung, Ausgrenzung und Ausweisung sind gebotene und von den Zielen her legitime Mittel zur Gesundung des Volkes. Der neue Staat steht bewusst nicht in der Tradition des europäisch-humanistischen und des aufgeklärt-menschenrechtlichen Denkens, sondern ist als revolutionärer Staat von der Geschichte auserwählt, ein neues Zeitalter durch scharfe Zäsuren zu eröffnen. Hanns Lilje schrieb 1933: „Und wenn nicht alles täuscht, dürfen wir die deutsche Revolution als den Anbruch einer geschichtlichen Umwälzung hinnehmen, die für Europa eine ähnliche umgestaltende Wirkung haben wird wie jene vorausgegangenen großen europäischen Revolutionen.“[16]

Nationalsozialisten und viele Kirchenleute waren sich einig, dass das Jahr 1933 das Jahr 1789 – wie es Goebbels formuliert hat – aus der Geschichte ausradierte, dass das Ende des liberalen Zeitalters mit seinem Individualismus, Demokratismus, Sozialismus und Kommunismus gekommen sei.[17] Sie konnten deshalb einen übereinstimmenden Lobgesang auf den Mann anstimmen, der für die so genannte Freiheitsbewegung des Nationalsozialismus stand: Adolf Hitler. Er wird folgerichtig auch in der kirchlichen Publizistik der Mann des Jahres.

Ein damals nicht unbekannter religiöser Publizist – Johannes Müller aus Elmau – hat das so formuliert: „Adolf Hitler ist Organ und Werkzeug Gottes in dieser Zeitenwende, der von Gott bevollmächtigte Führer, der das deutsche Volk vor dem Untergang retten und seinen Bestand neu gründen soll, damit das deutsche Wesen genesen und sich schöpferisch entfalten und der Volkskörper in lebendiger Verfassung seiner Glieder nach den Gesetzen der Natur und der Wahrheit gesunden, wachsen, blühen und gedeihen kann ... Das ist das, was Hitler Grundlage und Haltung, Art und Richtung gibt, was ihn empfänglich macht, Klarheit und Weisheit von Gott zu empfangen und ursprünglich, d.h. in Kraft des Urhebers seiner Sendung das ihm anvertraute Werk zu vollbringen ...“[18]

Und weiter bei Müller-Elmau: Da Hitler Werkzeug Gottes ist, gebührt der Gefolgschaft unbedingter Gehorsam und Mannestreue. „Befehl und Gehorsam“ wird das Strukturprinzip des Neuen. Der Führer muss von seinem Amtsauftrag, von seinem Geschichtsauftrag her „rücksichtslos“ und „radikal“ sein.

Zustimmung zu staatlicher Repression gegen „Staatsfeinde“

Die politische Konsequenz aus dieser Interpretation des von Gott eingesetzten und beauftragten Werkzeugs ist die Bejahung seiner anlaufenden staatspolitischen und zivilrechtlichen Gesetzgebung.

Es kann auf diesem Hintergrund nicht verwundern, dass von den Kirchenleitungen, die wie Müller in Hitler den gottgewollten Führer gesehen haben, kein Wort der Kritik gegen die Ausschaltung politischer Gegner durch die Verordnungen des Reichspräsidenten zum Schutze des deutschen Volkes, zum Schutz von Volk und Staat, zur Einziehung volks- und staatsfeindlichen Vermögens, zur Wiederherstellung des Berufsbeamtentums, zur Sicherung der Einheit von Partei und Staat, zum Heimtückegesetz und anderen Gesetzen und Verordnungen gesagt worden ist.[19] Die protestantische Mehrheit in Kirche und Gesellschaft sprach aus eigener innerer Überzeugung ein Ja zum autoritären Staat, der sich zum totalitären Staat entwickelte. Auch hatte man nichts einzuwenden gegen die Zerschlagung der politischen Weimarer Parteien, gegen die Aufhebung der Gewerkschaften und nichts gegen die Einlieferung der alten politischen Gegner in Konzentrationslager. In diese schickte man sogar Pfarrer und Diakone, um die Umerziehungsarbeit an den Insassen mit christlichen Intentionen zu durchziehen.[20]

Und schon gar nichts hatte man mehrheitlich gegen den Judenboykott am 1. April 1933 und gegen die ersten Gesetze und Verordnungen zur Ausschaltung von Juden aus dem Berufsleben und aus der Rechtsgemeinschaft. Zu all diesen Vorgängen der Erosion des Rechtsstaates hat die Amtskirche geschwiegen. Nicht, weil sie nicht reden konnte, sondern weil sie in tiefster Übereinstimmung mit den Intentionen des Neuen Reiches stand.

Kirchliche Zustimmung zu Hitlers Außenpolitik

Außenpolitisch war die Übereinstimmung mit dem neuen System genauso gegeben. Hitlers Politik gegen das Versailler Diktat wurde fast emphatisch gefeiert und die Zustimmung zum Austritt Deutschlands aus dem Völkerbund wurde in Kirchenzeitungen und Kirchengruppen mit Treuegelöbnissen zum Führer verbunden. Als Beispiel sei das Telegramm von Martin Niemöller an Hitler erwähnt: „In dieser für Volk und Vaterland entscheidenden Stunde grüßen wir unsern Führer. Wir danken für die mannhafte Tat und das klare Wort, die Deutschlands Ehre wahren. Im Namen von mehr als 2.500 evangelischen Pfarrern, die der Glaubensbewegung Deutsche Christen nicht angehören, geloben wir treue Gefolgschaft und fürbittendes Gedenken".[21]

Für die Wahlen am 12. November 1933 zum Reichstag und für die Abstim-mung zum Austritt aus dem Völkerbund haben etliche Kirchenleitungen, nicht nur DC-Behörden oder nur der Reichsbischof Müller, Verlautbarungen zum 12. November herausgegeben. Sie zeigen eine völlige Identifizierung mit der Außenpolitik des Führers.

Bildbericht
für das deutsche Christenvolk

Jahrgang 1   1 · Juli-Woche 1933   Nummer 3

Das neue Gesicht

In der Zeit, die hinter uns liegt, hatte der Mensch kein w a h r e s Gesicht mehr; er hatte ein Gesicht für den Beruf, ein Gesicht für den Vorgesetzten, eins für die Untergebenen, eins für die Familie, eins für die Kirche. Der Mensch war zerrissen, sein Antlitz verzerrt.

Das neue Gesicht der neuen Zeit ist wieder das Antlitz des Menschen, der den Drachen bezwang, des Menschen, den eine große Aufgabe mit Kraft und Begeisterung erfüllt.

Reinheit, Güte, Stärke strahlen daraus wie aus einem blanken Spiegel hervor. Das ist Gottes Gnade, die durch Christus alle edlen Kräfte in uns weckt und zum Siege führt gegen das Niedere in uns.

Aufgenommen in der Kirche zu Zossen, Mark.   (Photos Hirz)

Unten: Wahrzeichen der Feuersbrunst und Kriegsnot in der Kirche zu Zossen.

Bildbericht für das deutsche Christenvolk 3/1933
(Archiv G. Brakelmann)

Hitler-Treue als das Gemeinsame aller protestantischen Lager

In dieser Zeit tobten längst die innerkirchlichen Auseinandersetzungen zwischen den Deutschen Christen und der sich bildenden Bekennenden Kirche über die Inhalte von Theologie und Verkündigung und über die Fragen der Bildung einer Reichskirche. Aber es ist immer zu beachten, dass die innerkirchlichen Differenzen jetzt und auch später nicht die große politische Übereinstimmung im Ja zum Führerstaat aufgehoben haben. Politisch, innen- wie außenpolitisch, sind die Unterschiede zwischen Joachim Hossenfelder und Martin Niemöller in dieser Zeit nicht groß gewesen, während die theologischen und kirchenpolitischen Differenzen kaum zu überwinden waren. Hitlertreu wollten sie alle sein. Der politische Hitler-Mythos blieb die große nationale Klammer in allen Kirchenwirren und Kirchenkämpfen. National-sozialisten, alte und neue, gab es bei den Deutschen Christen und bei Mitglie-dern der kirchlichen Opposition. Man musste aber nicht Parteigenosse oder DCer sein, um überzeugter Anhänger der Politik des Reichskanzlers Hitler zu sein, der für die meisten der Volkskanzler war. Man konnte zu dieser Zeit fest auf dem Boden einer biblisch-reformatorischen Theologie und der lutherischen Bekenntnisschriften stehen und den Führerstaat als „gute Ordnung Gottes" feiern. Man konnte die NS-Weltanschauung, soweit sie greifbar war, als unvereinbar mit theologischer Anthropologie und Ethik ablehnen, aber von der Politik des Führers überzeugt sein. Man konnte jeden Sonntag im Glaubensbekenntnis das Judesein Jesu Christi bezeugen und gegen alle Versuche der Arisierung der Testamente Widerstand leisten, aber gleichzeitig konnte man Verständnis für die Judenpolitik seines Staates aufbringen. Diese Widersprüche konnten 1933 noch nebeneinander bestehen.

Selbst innerkirchlich hatten auch viele bekennende Christen Schwierigkeiten, sich mit ihren Judenchristen solidarisch zu erklären. Sie forderten sie auf, sich öffentlich zurückzuhalten und auf kirchliche Ämter zu verzichten. So ist es dem Bochumer judenchristlichen Pfarrer Hans Ehrenberg ergangen, der bis 1933 ein bekannter Buchautor, Publizist und Redner war. Er verschwand weithin aus der Bochumer Öffentlichkeit. Er konzentrierte sich auf seine Gemeindearbeit.[22]

Der so genannte Tag von Potsdam

Wie stark die Einbindung der Kirchen in das sich etablierende NS-System war, zeigte nun der so genannte Tag von Potsdam am 21. März 1933, der von Goebbels inszeniert wurde. Es sollte die Versöhnung zwischen dem alten Preußen und dem neuen Deutschland sein. Otto Dibelius hielt in der Garnisonskirche bei Anwesenheit von Hermann Göring und anderen evangelischen NS-Führern eine Predigt, die bei aller Zustimmung zur nationalen Neuwerdung auch schon einige mahnende Töne enthielt. Dibelius schloss aber seine Predigt mit den Gebetswünschen: „Herr, lass uns wieder werden, was unsere Väter waren: durch Gottes Gnade ein geheiligtes Volk" und: „Das ist heute unser Gebet: dass Gottes Gnadenhand über dem Bau des deutschen Reiches die Kuppel wölbe, die einem deutschen, einem geheiligten, einem freien Volk den Blick für immer nach oben zieht. Deutschland wieder und für immer: ein Reich, ein Volk, ein Gott! – Lass mich's einmal noch erleben, lass mich's einmal, Herr, noch sehen. Und dann will ich's ohne Grämen meinen Vätern melden gehen."[23]

Vom Inhalt her war diese Predigt von Dibelius eine Durchschnittspredigt in diesen Wochen des „nationalen Aufbruchs". Beschworen wurde die glorreiche Vergangenheit Deutschlands: Sie begann mit der lutherischen Reforma-tion, sie ging über Friedrich den Großen zu den Befreiungskriegen, über Bismarck und die Reichsgründung von 1871 zu den Anfängen des Weltkriegs und erreichte nun ihren Höhepunkt in Hitler. Die Geschichtsreihe Luther – Friedrich der Große – Bismarck und Hitler wurde unzählig viel zelebriert und variiert. Sie steht natürlich gegen die andere mögliche Ahnenreihe: Französische Revolution von 1789 – deutsche Revolution von 1848/49 – die Republik von 1918.

Hitler selbst bekannte am Ende seiner Rede in Potsdam: „Möge uns dann auch die Vorsehung verleihen jenen Mut und jene Beharrlichkeit, die wir in diesem für jeden Deutschen geheiligten Raum um uns spüren, als für unseres Volkes Freiheit und Größe ringende Menschen zu Füßen der Bahre seines größten Königs."[24]

Der Potsdamer Chronist beschloss seinen Bericht mit den Sätzen: „Leise klingt das Niederländische Dankgebet durch das Gotteshaus, um endlich mit dem `Herr, mach uns frei!` den Weiheakt zu beschließen."[25]

Millionen von Deutschen haben allein zu Hause oder in großen Sälen die Übertragung des „Tages von Potsdam" gehört und an die große Versöhnung zwischen preußischer Tradition, die als protestantische Frucht verstanden wurde, und nationalsozialistischem Aufbruch geglaubt. Die Beteiligung kirchlicher Würdenträger, die Weihepredigt eines kurmärkischen Predigers, das gewaltige Orgelspiel und die Gesänge der Kirchenchöre vermittelten den Ein-druck einer neuen Nähe von Staat und Kirche, von Nationalsozialismus und Christentum.

Auch in Bochum wurde dieser Tag feierlich begangen. Auf dem Kaiser-Friedrich-Platz gestaltete die Polizei eine Feierstunde. Anwesend waren – wie der Bochumer Anzeiger schrieb – „die Polizeiführer, die Vertreter der Behörden und die Geistlichen beider Konfessionen." Ein Pfarrer Heimhardt betrat die grün ausgeschlagene Kanzel und führte u. a. aus: „Den Männern, die heute in Potsdam zusammen treten, ist es heiliger Ernst, dass die christlichen Lebensgrundsätze im deutschen Volke zur Verwirklichung gelangen ... Möge Gott den neuen Männern Einsicht und Kraft geben, unser liebes deutsches Vaterland aus Not und Elend herausführen zu Freiheit, Wohlfahrt und Frieden!"

Auch Pfarrer Rudolf Hardt hielt noch eine gleich gestimmte Rede, er betete das Vaterunser und die Kapelle der Polizei spielte das Altniederländische „Wir treten zum Beten". Am Abend gab es eine Riesenkundgebung und einen Fackelzug.[26]

In den folgenden Wochen sah Bochum eine Menge von Großveranstaltungen, von Vorbeimärschen und Weihestunden. Immer waren Bochumer Pfarrer im Talar als Redner dabei. Als SA-Standartenführer Otto Voß eine Führerschule auf der alten Zeche Gibraltar, die vorher ein so genanntes wildes KZ mit seinen Demütigungen und Foltern politischer Gegner gesehen hatte, einweihte, predigte Pfarrer Matthieu über das Führerprinzip, das nun wieder in den Vordergrund trete und führte aus: „Dieses Prinzip sei nicht etwa heidnisch ..., sondern sei tief verwurzelt im Evangelium und darum eine heilige christliche Sache. Der Redner sprach dann über das Wort aus Johannes von dem Hirten, dem Führer, der sein Leben lässet für die Schafe. Die Standarte sang den Choral „Großer Gott, wir loben Dich". Die SA-Kapelle spielte den Pilgerchor aus Tannhäuser. Die Feier unter freiem Himmel endete mit Gebet und Segen ..."[27]

Es kann nach den reichlich vorhandenen Quellen nur konstatiert werden: Die Mehrheit der Bochumer Pfarrer hat sich voll in den Dienst der religiösen Interpretation der „deutschen Revolution" gestellt. Sie gehörte zu ihrer Gefolgschaft.

Nationale Revolution und lutherische Reformation

Hitler hat die reichsweite Unterstützung großer Teile der evangelischen Pfarrerschaft natürlich gekannt. Es erstaunt nicht, als Hitler in der Reichstagssitzung am 23. März 1933 in seiner Regierungserklärung ausführte: „Die nationale Regierung wird in Schule und Erziehung den christlichen Konfessionen den ihnen zukommenden Einfluss einräumen und sicherstellen. Ihre Sorge gilt dem aufrichtigen Zusammenleben zwischen Kirche und Staat. Der Kampf gegen eine materialistische Weltanschauung und für die Wiederherstellung einer wirklichen Volksgemeinschaft dient ebenso den Interessen der deutschen Nation wie denen unseres christlichen Glaubens."[28]

Es konnte nicht ausbleiben, dass in dieser ersten Phase einer hohen Übereinstimmung und einer immer wieder von beiden Seiten proklamierten Kombattantenschaft zwischen evangelischer Kirche und neuem Staat ein Thema an zunehmender Bedeutung gewann: das Verhältnis der nationalen Revolution von 1933 zur lutherischen Reformation von 1517, das Verhältnis des Protestantismus zur nationalen Befreiungsbewegung. Nach den Wahlen vom 5. März 1933, die eine Mehrheit von 51,9 % für die vereinigte Rechte von NSDAP und DNVP gebracht hatten, rückten drei Namen immer mehr in die Mitte der Publizistik und der öffentlichen Rede: Hindenburg, Hitler und Luther.

Hindenburg wurde gefeiert als der fromme, charakterfeste Sachwalter des preußisch-deutschen Erbes, der durch seine Gewissensentscheidung den Weg in die deutsche Gesundung freigegeben hatte. Der preußische Protestant Hindenburg wurde für viele Protestanten die politisch-emotionale Brücke zum Ja für Hitler. Auf einem Wahlplakat hieß es: „Wenn Hindenburg sein Vertrauen Adolf Hitler schenken kann, dann kannst auch Du es!" Der altgläubige Hindenburg hat dem gottgebundenen Hitler das Mandat gegeben, Deutschland aus dem Sumpf der „Verbrecherrepublik" zu befreien.

Es hieß weiter: „Gebt ihm vier Jahre Zeit! Dann wird Deutschland von Gaunern, Wucherern und Schiebern, Mordbrennern und Brandstiftern gesäubert sein! Der schaffende Mensch wird sich durch seiner Hände Arbeit wieder ernähren können! Vertraut wie Hindenburg – Adolf Hitler." Das war Balsam in den Köpfen und Seelen von Menschen, die mit dem Kanon protestantischer Berufs- und Pflichtethik, in der Tradition einer sauberen Staatsverwaltung und staatsmännischer Dienstethik groß geworden waren. Sie konnten nur ihre Freude daran haben, wenn es auf dem gleichen Plakat über Hitler noch hieß: „Für Euch, deutsche Volksgenossinnen und Volksgenossen arbeitet er! Er hat als Reichskanzler auf Gehalt und Pension verzichtet!"[29]

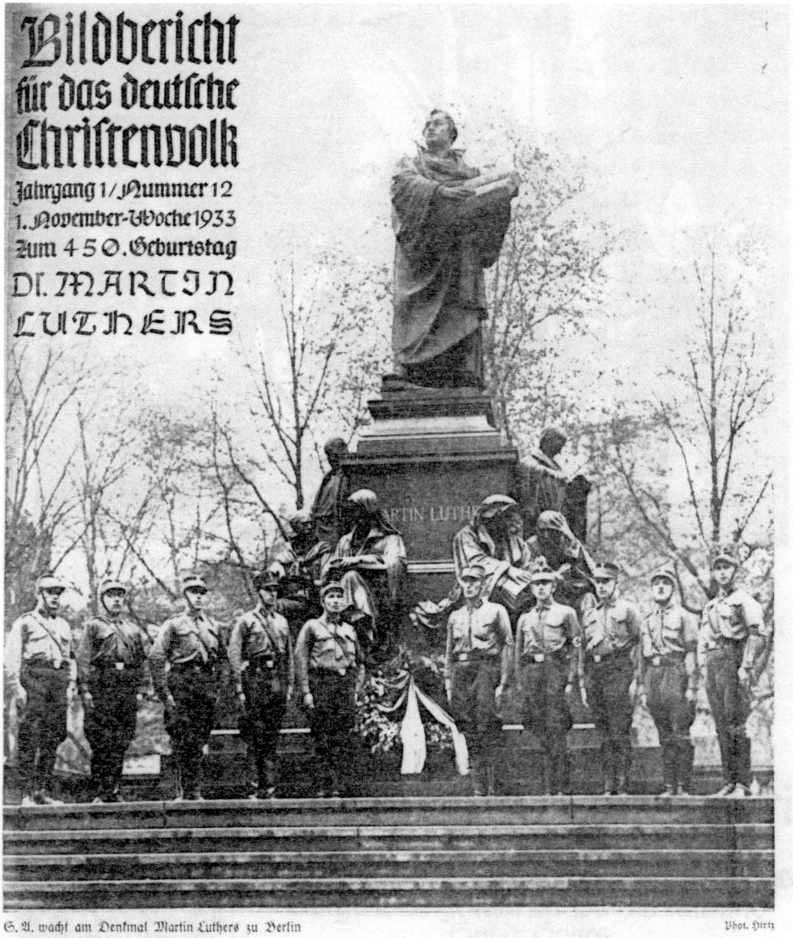

S. A. wacht am Denkmal Martin Luthers zu Berlin — Phot. Hirtz

Ein' feste Burg ist unser Gott / ein' gute Wehr und Waffen / er hilft uns frei aus aller Not / die uns jetzt hat betroffen.

Das alte Wittenberg

Vom unüberwindlichen Glauben

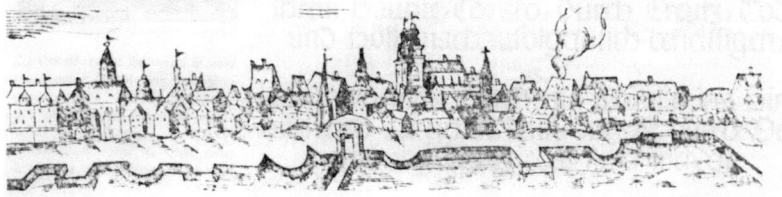

Bildunterschrift: S.A. wacht am Denkmal Martin Luthers zu Berlin
Bildbericht für das deutsche Christenvolk 12/1933
(Archiv G. Brakelmann)

Die Luther-Feiern 1933

Der Kalender wollte es, dass am 12. November 1933 des 450. Geburtstages Luthers gedacht werden konnte. Schon früh hatte man sich kirchlicherseits auf diesen Tag vorbereitet. Auch in Bochum kündigte die Synode dies kirchliche Großereignis in Kooperation mit den kommunalen Behörden und den politischen Verbänden an. Es hieß: „Neben dem Bekenntnis zu Luther und dem evangelischen Glauben wird der Verbundenheit zum neuen Staat Aus-druck gegeben werden."[30]

Die Lutherfeiern mussten aber nun wegen der Wahlen und der Abstimmung über den Austritt aus dem Völkerbund vom 12. auf den 19. November 1933 verschoben werden.

Deutschland hat auf allen kirchlichen und politischen Ebenen eine Fülle von Lutherfeiern gesehen: auf Gemeinde- und synodaler Ebene, auf Provinzial- und Reichsebene. Millionen von Deutschen trugen an ihren Kleidern Lutherplaketten mit der Lutherrose. Zehn akademische Lutherfeiern hat es an deutschen Universitäten mit Reden bekannter Lutherforscher gegeben. In Eisleben und Wittenberg hat es zentrale Lutherwochen gegeben. Im Niveau und in den Inhalten hat es natürlich hier Unterschiede gegeben. Neben mit wissenschaftlichem Anspruch auftretenden Vorträgen über den Reformator als Theologen hat es überwiegend Reden über Luther den Deutschen gegeben.[31] Und es hat den Feier- und Redetypos einer unmittelbaren Verschrän-kung von Luther und Hitler gegeben. Als Beispiel mag der „Aufruf zum Luthertag" der Braunschweigischen Kirche gelten:

Deutsche Volks- und Glaubensgenossen!

In der Schicksalswende des deutschen Volkes rüsten wir uns zum 19. November, dem 450. Geburtstag Martin Luthers. Der Führer selber hat aufgerufen zum letzten Einsatz für Deutschlands Ehre und Freiheit. In diesen schicksalsschweren Tagen begegnen sich Gegenwart und Vergangenheit. Der Reformator der Deutschen und der Kanzler des Volkes reichen einander die Hand. Ihnen Beiden geht es um Deutschland.

So spricht der Führer: Wir haben nur einen Glauben und der heißt Deutschland.

Und es bekennt der Reformator:

Für meine Deutschen bin ich geboren, meinen lieben Deutschen will ich dienen.

Es geht um Deutschland und damit um unsere Zukunft. Woher aber strömt uns die Kraft und der Glaube an unser Volk? Gewiss, aus den herrlichen Kräften des menschlichen Geistes und Blutes! Gewiss, aus der jungfräulichen Scholle der deutschen Erde! Was von der Erde geboren wird, ist erhaben und groß, und wir wissen von ihr als einem kostbaren Geschenk unseres Gottes, der uns zum Dienst an ihr und unserem Volk verpflichtet. Größer und wunderbarer als Mensch und Erde ist Gott selbst. Der Glaube an Deutschland muss darum sich gründen im schöpferischen Urgrund alles Seins, in Gott.

Der Reformator wusste um das Geheimnis solchen Glaubens. Um solches Geheimnis weiß auch der Führer. Wissen wir um dieses Geheimnis?

Wir stehen in den Geburtswehen einer neuen Zeit. Deutschland ist erwacht und kämpft um seine Seele. Wer soll in diesem Kampfe Führer sein? Martin Luther oder Lenin? Am Materialismus zerbrechen noch immer die Völker. Wer darum sein Volk von ganzem Herzen liebt, muss das Werk des deutschen Reformators ehren, dessen ganzer Kampf der Freiheit deutschen Wesens und Glaubens galt.

Wir rüsten uns zum Luthertag in der Schicksalswende des deutschen Volkes. Der Führer ruft zum letzten Einsatz für Deutschlands Ehre und Freiheit. Wir stehen in der Entscheidung. Wie soll das Losungswort des neuen Kampfes heißen? Für uns als lutherische Menschen kann es nur lauten: Hie gut deutsch und evangelisch allewege!

Darum schließt die Reihen! Luthers 450. Geburtstag soll ein Bekenntnistag aller Evangelischen sein.

Für Gott und Volk![32]

In diesem Aufruf haben wir eine Reihe von geschichtstheologischen und schöpfungstheologischen Argumenten beieinander, die sich für eine politische Agitation bestens bündeln lassen.

Auf dem „Eislebener Luthertag" am 20. August 1933 stellte der Bundesdirektor des Evangelischen Bundes, Wilhelm Fahrenhorst, die Frage, was wohl Luther sagen würde, wenn er jetzt durch Deutschland ginge:

„Und wenn Martin Luther auf seinem Wege dem ‚Führer' von heute begegnen würde, dem unser aller Herzen dankbar schlagen – tief würde er ihm in die Augen schauen, und beide Hände würde er ihm drücken: ‚Dank Dir, du deutscher Mann! Du bist Blut von meinem Blute, Art von meiner Art. Wir beide gehören eng zusammen!'

Wahrhaftig, sie gehören zusammen, Martin Luther und Adolf Hitler, die Reformation von 1517 und die deutsche Erneuerung von 1933.

Die Parallele ist in der Tat überraschend. Damals wie heute die große Not, der das Volk zu erliegen drohte: Dort die Not von Rom her, äußerlich die Aus-plünderung Deutschlands zur Befriedigung immer gesteigerter klerikaler An-sprüche, innerlich die Qual der Seelen, denen die verderbte Kirche den Frieden Gottes nicht mehr zu geben wusste, es sei denn im Priester- oder im Mönchsberuf.

Hier die Not von Marxismus und Atheismus, vom Bolschewismus und Internationalismus her, die nicht ohne Mitschuld des Ultramontanismus (= eine politische Haltung des Katholizismus in deutschsprachigen Ländern und den Niederlanden, die im frühen 19. Jh. entstanden ist und sich ausschließlich an Weisungen aus dem Vatikan in Rom gehalten hat. Anm. d. Red.) die deutschen Seelen zu verderben drohten.

Damals wie heute sandte Gott einen Mann als Retter: damals den Bergmannssohn von Eisleben, den Volkskanzler des Dritten Reiches heute.

In beiden erstand mit Urkraft die tragende Idee, das 'Selig aus Gnaden', die Gewissheit der Frohbotschaft von der Gotteskindschaft aus der erbarmenden Liebe des himmlischen Vaters und das Bild des 'freien Christenmenschen' im deutschen Manne Martin Luther, und der geniale Gedanke, dass der Mensch gottgewollt leben müsse aus der blut- und schicksalsmäßigen Bestimmtheit seiner Nation heraus, und dass national und sozialistisch keine Gegensätze, sondern zu vereinen seien, in Adolf Hitler.

In beiden lebt der unzerstörbare, von keinem Hemmnis und Widerstand zu bezwingende feste Glaube an die Kraft und den Sieg dieser Idee.

Das eherne Wormswort Luthers: „Hier stehe ich, ich kann nicht anders. Gott helfe mir!" klingt genauso auch aus Hitlers Kämpfen und Dulden, Ringen und Streiten heraus.

Und dieser Glaube findet ein überwältigendes Echo im Volke von 1517, ebenso wie in dem von 1933 und weckt einen Willen zur Hingabe, zu opfernder Gefolgschaft, der unwiderstehlich daherbraust wie der Bergstrom im Lenz, alles erfassend, alles mit sich fortreißend, alles besiegend.

Luther und Hitler, sie gehören zusammen und so grüßen wir auch hier den Führer, dankbar und treu." [33]

So und ähnlich ist es in Tausenden von Reden, Kommentaren und Gedichten nachzulesen.

Entsprechend sind die Gebete formuliert. Sie sind politische Botschaft in liturgischer Sprache. Geschichtstheologische Konstruktionen sind die Domäne vieler Prediger und Beter. Seit Jahrhunderten ist in evangelischen Kirchen selten für Politiker so heiß gebetet worden wie für Hitler.

Die Luther-Feiern in Bochum

Und wie war es in Bochum? Nach Gemeindegottesdiensten in den Ortsgemeinden trafen sich die Gemeindeglieder mehrerer Gemeinden an vereinbarten Stellen und zogen in fünf Kolonnen, angeführt von Musikkapellen und Fahnenträgern zum Sportplatz an der Krümmede.[34] Zum Reglement hieß es: Jeder Teilnehmer trägt ein Festabzeichen. Alle Gemeindeglieder flaggen. Marschiert wird in Sechserreihen, die Reihenfolge: Männer, Frauen, Jugendverbände und Schüler über 12 Jahre.[35] Auf großen Spruchbändern stand „Luther der Soldat des Herrn" und „Christusglaube und deutsche Schicksalsgestaltung." Und ein Riesenlutherbild zierte den Sportplatz.

In einem Zeitungsbericht hieß es: „Feierlich klangen die Glocken ... es ist der ausgesprochene Wunsch und Wille des Führers im Dritten Reich, dass das Volk in seiner Gesamtheit erkenne, was der große Reformator, Sprachgestalter und Liedersänger für den deutschen Gedanken bedeutet ... so wird er aufs Neue zum Führer seinem Volke auf seinem Weg aus tiefer Verzweiflung zu neuem Licht der Hoffnung und Gottesnähe."

Es waren 25.000 bis 30.000 Bochumer, die mitzogen und an der Feier auf der Krümmede teilnahmen. Es sprachen zwei deutsch-christliche Pfarrer: Paul Schmidt und Dr. Martin Siebold.

Über Schmidt hieß es: Er zeichnete Luther als den Soldaten Gottes. „Als solcher lebt und wirkt er fort in allen Herzen über Jahrhunderte und weit über Deutschland hinaus als ein wahrer Prophet für die ganze Welt."

Nach dem Lutherlied „Ein feste Burg ist unser Gott" kam Dr. Siebold: Er „lenkte den Blick zu dem uns von Gott geschenkten Führer Adolf Hitler. Das deutsche Volk sei in den letzten Jahren führerlos gewesen und begann sich selbst zu zerfleischen. Und nun erlebte es seine große Stunde, dass durch den Schöpferwillen Gottes es sich besann auf seine Eigenart, seine Sendung in der Welt und seine Kraft aus Geist und Leben, aus Blut und Boden.

Und nun vernimmt das bis in die tiefsten Tiefen aufgewühlte deutsche Volk den neuen Ruf Gottes und wendet sich zu ihm an des Reformators Jubeltage, besinnt sich auf das heilige Erbgut seiner Väter ... Leben und Bestehen des deutschen Volkes hängen ab von der Antwort, die das deutsche Volk seinem Gotte geben wird auf den Ruf, den er jetzt neu an dieses Volk ergehen ließ.

... Im Kampfe des Nationalsozialismus um die deutsche Seele und die Neugestaltung des deutschen Menschen im Dritten Reich stehe die reformatorische Kirche bewusst in der vordersten Frontlinie ...'

Am Abend des gleichen Tages gab es durch die Vereinigten Kirchenchöre der Altstadtgemeinde im Schützenhof die Aufführung des Oratoriums „Luther" von Heinrich Zoellner. Auch in anderen Gemeindesälen gab es weitere Lutherfeiern.

Eine besondere Gründung in Bochum am 14. November 1933 verdankt dieser Luther- und Hitlerbegeisterung ihre Existenz: die Evangelische Akademie.[36] Alles, was in der Stadt, in der Partei und bei den DCern Rang und Namen hatte, war bei der Gründungsfeier in der Verwaltungsakademie anwesend. Der spätere Gemeindpfarrer in der Bochumer Kirchengemeinde Melanchton Dr. Otto Klein führte nach einem Zeitungsbericht aus: „Atheismus, Liberalismus, Individualismus, Materialismus seien vergangen. Das Alte sei vergangen, das Neue komme herauf. Es habe ganz andere Begriffe sogar vom Leben und Sterben und greife tief ein in das Volksleben. Ein Zeitalter der Tat breche an, in dem der einzelne für das Volksganze zu stehen habe. Der Nationalsozialismus bedeute eine neue, große, deutsche Reformation. Eine Umwälzung, wie sie vor fast zweitausend Jahren geistig durch Christus für die Welt eingeleitet wurde, wie sie Luther in Deutschland heraufführte, als er das Evangelium neu errang für seine Deutschen. Das deutsche Volk stehe jetzt unter Hitler vor einer großen evangelischen Aktion, die aber nichts zu tun habe mit konfessionellem Streit oder irgendwelchem Ämterschacher, sondern ihre Kraft und Bedeutung nehme allein aus dem Evangelium. Die Evangelischen Akademien sollen nichts zu tun haben mit dialektischer Theologie, auch nichts mit Wissenschaft und sogar auch ohne Theologie, nur durch den Glauben (lautes Bravo). Zu solcher Arbeit gebe Gott sein Vollbringen."[37]

Dr. Siebold wurde der erste Akademiedirektor. Der erste Vortragende in der Akademie war dann Dr. Wilhelm Lotz über das Thema „Der evangelische Mensch im nationalsozialistischen Staat." Im nächsten Jahr wurde er Altstadtpfarrer und stärkte den DC-Flügel in Bochum.

Ähnlich und zum Teil noch radikaler wurde von Anderen an anderen Orten gesprochen. Der deutschchristliche Bischof Friedrich Peter (nach dem Kriege Pfarrer in Westfalen) spitzte den Zusammenhang von Reformation und nationaler Revolution formelhaft zu, wenn er ausführte: „Man entdeckt, dass der Nationalsozialismus die eigentliche Erfüllung des Reformationswerkes sei. Man bekundet, dass Martin Luther und Adolf Hitler für verwandte Sendungen auserlesen worden sind." Die missionarische Aufgabe sah er nun darin, „auch den letzten Volksgenossen mit einem neuen Geist auszurüsten."[38]

Oder in Kurzform in der Zeitschrift der DC „Evangelium im Dritten Reich": „Christentum und Marxismus wie Feuer und Wasser, jawohl, aber Christentum und Nationalsozialismus wie Ursache und Wirkung."[39] Oder der radikale deutsche Christ Siegfried Leffler (nach dem Krieg Pfarrer in Bayern) schrieb: „Wie konnten die Deutschen innerlich – erlöst und frei geworden – auch anders als eine Nation bauen, einen preußischen Staat mit seiner strengen Dienst- und Pflichtauffassung, vom großen Kurfürsten über Friedrich den Großen bis zu Stein und Bismarck, ein deutsches Reich germanischer Nation von Bismarck bis zu seinem eigentlichen Schöpfer Adolf Hitler. So können wir uns Adolf Hitler nicht ohne Martin Luther denken. Und umgekehrt hätte Luthers Tat ohne die Erscheinung Adolf Hitlers 400 Jahre später nie ihren vollen Sinn für Deutschland erlangt."[40]

Halten wir fest: Gottes Wege mit Deutschland kulminieren im Lutherjahr im nationalrevolutionären Geschehen, das in Hitler sein Zentrum und im Hakenkreuz sein Symbol hat. Protestantische Geschichts- und Gebrauchstheologie hat die Ahnenreihe Luther – Friedrich der Große – Bismarck – Hindenburg und Hitler konstruiert.

A. Hitler, Nürnberg 1934
Aus: Bilder aus dem Leben des
Führers, Hamburg 1936
(Archiv G. Brakelmann)

Within the image: Deutsche Eichen

Wir Deutsche fürchten

...feste Burg unser Gott...

...Gott sonst ni... auf dieser W...

Luther und Hindenburg. Bild aus dem Dorfgemeinschaftshaus Friedewald
(Archiv G.Brakelmann)

Die Haltung der wissenschaftlichen Theologie

Einspruch von theologisch-wissenschaftlicher Seite hat es in dieser Zeit kaum gegeben. Die Freude über den Untergang der Republik, die eben für Liberalismus, Demokratie, marxistischen Sozialismus und Internationalismus stand, war zu groß, um nicht der Versuchung widerstehen zu können, Luther gleichzeitig mit Hitler als die großen Sieger über das undeutsche und unchristliche Wesen des säkularistischen Zeitgeistes zu feiern.

Vor allem Abrechnungen mit dem Liberalismus als der Ursünde der neuzeitlichen Emanzipation gehörten zur Tagesordnung. Der Theologe Walter Grundmann (nach dem Krieg Prof. in der DDR) schreibt in der neuen Monatsschrift „Deutsche Theologie" einen Aufsatz mit dem Titel: „Die Neubesinnung der Theologie und der Aufbruch der Nation":

„Durch 14 bange Jahre hindurch verfiel unser Volk mehr und mehr, Ordnung auf Ordnung brach ein, Recht und Sitte, Treu und Glauben schwanden. Die Lebenskraft unseres Volkes schien zerstört. Der Bolschewismus stand vor der Tür. Das Ende des deutschen Lebens schien gekommen. In dieser Zeit richteten sich immer mehr Augen auf einen Mann, der in einer ungeheuren Gläubigkeit und mit einer an das Phantastische grenzenden Energie 'Nein' sagte zu diesem Verfall und der in seine Gläubigkeit und seinen Willen immer mehr Menschen hineinzog, die in ihm den Retter erkannten, den Gott sandte, weil die Sendung unseres Volkes in der Geschichte noch nicht erfüllt war. Und aus dem Blick auf Adolf Hitlers Glauben und Willen wuchs in unserem Volke die Front derer, die Pflicht vor Recht, Dienst vor Ichsucht, Autorität und Gehorsam vor Freiheit und Selbstbestimmung stellten und in sich den Liberalismus zu zerstören begannen und das Leben neu gewannen. Von dieser Front sagt Adolf Hitler, dass hier Deutschland stehe. Die Entwicklung der deutschen Geschichte hat gezeigt, dass die auf Adolf Hitler gesetzte Hoffnung nicht trügt, dass er tatsächlich der Führer ist, seinem Volk den Weg zu bahnen zu einer neuen Zukunft. ... In diesem Geschehen in der Geschichte unseres Volkes hören wir Gottes Schritt und vernehmen wir seine Sprache."[41]

Auch andere akademische Theologen haben sich an der polemischen Aufarbeitung der liberalen, demokratischen und sozialistischen Irrtümer der deutschen Geschichte beteiligt, um dann Hitler und seine Revolution als epochalen Rettungsakt zu feiern. Und immer wieder ist es der Reformator, der mit seinem Wesen, seinem Deutschtum, mit seiner Obrigkeits- und Gesellschaftsauffassung, seiner Anthropologie und Ethik die geistigen Grundlagen für das kommende Reich legen soll. Das politische Gegenwartsereignis soll durch eine Rückbesinnung auf den wahren Luther seine religiös-moralische Fundierung erhalten. So formulierte Hanns Rückert in seinem Vortrag „Luther der Deutsche" in Tübingen: „So möchte die evangelische Kirche den Luthertag des Jahres 1933 als Symbol dafür nehmen, dass auch heute noch in Deutschland Luther und völkischer Frühling zusammengehören."[42]

Karl Heussi formulierte in seinem Vortrag „Luthers deutsche Sendung": „Im Jahre 1933, in dem die deutsche Nation sich wieder gefunden hat, in dem eine ungeheure Revolution das ganze Volk erfasst hat, von innen her neu gestaltet, in dem durch den ehernen Willen eines gewaltigen Führers ein neuer deutscher Staat in riesenhaften Umrissen sich erhebt, in diesem Jahr kann es für uns nur eine Art von Lutherfeiern geben."[43]

Ähnliche Themen wurden auch von den Theologen Heinrich Bornkamm, Friedrich Gogarten, Emanuel Hirsch, Friedrich Karl Schumann, Karl Fezer, Paul Althaus, Artur Weiser und anderen Theologieprofessoren verhandelt.[44] (Sie alle waren nach dem Krieg für viele Studierende die theologischen Lehrer.)

Aber nicht nur Fachtheologen beteiligten sich an den Gesängen auf Luther und Hitler, sondern auch Historiker, Juristen und Philosophen.

Am 11. November 1933 wurde in Leipzig auf einer Arbeitstagung eine „Kundgebung der deutschen Wissenschaft" zur Volksabstimmung und Reichstagswahl herausgebracht. Sie enthält ein Treuebekenntnis der „Repräsentanten deutschen Geisteslebens" zu Hitler. Darunter befanden sich Martin Heidegger und Ferdinand Sauerbruch.

Die zentrale Lutherfeier fand am 19. November 1933 in der Reichshauptstadt statt. Nach dem Hauptgottesdienst gab es im Lustgarten eine Massenkundgebung. Eine Kirchenzeitung berichtete: „Bunt bewegt war das Bild der Massenkundgebung, der die evangelische Jugend durch die geschlossene Teilnahme ihrer Bünde das Gepräge gab. Unter den Klängen einer SA-Kapelle zogen die Fahnen der SA-Formationen der deutschen Christen, die zahllosen Fahnen und Wimpel der Jugend auf. Bischof Hossenfelder fasste das Bekenntnis zu Luther in die Worte: „Wir wollen das Erbe der deutschen Reformation, das unverfälschte Evangelium treu bewahren, um unserer Väter willen, um der Toten des Weltkrieges und der braunen Armee willen, um der Volksgenossen willen, die in Deutschland unter dem Führer Adolf Hitler das große Werk der Einigung geschaffen haben."[45]

In der Philharmonie fand ein Festakt des Reiches statt. Die Festrede hielt der Berliner Theologe Prof. Dr. Erich Seeberg. Er erklärte am Schluss seiner Darstellung der Theologie Luthers: „Es ist von symbolischer Kraft, dass das gleiche Jahr ein Lutherjahr ist, in dem das deutsche Volk, wachgerüttelt von einem großen Führer daran geht, die westlichen und östlichen Verstrickungen, in denen sein Wesen gefangen war, abzuschütteln und das Gleichmaß von Wirklichkeit und Geist wieder herzustellen, das in Deutschland nach dem großen Kriege verloren gegangen war. Auch in dieser Hinsicht ist das, was ich heute geschildert habe, nicht gestorbenes Geschehen, sondern es ist gerade heute lebendige Geschichte. Luther ist Gegenwart und die Kraft seines Glaubens, die Tiefe seines Denkens und die freie Macht seiner Persönlichkeit werden solange unsere Herzen ergreifen und unsern Geist aufwühlen, als der deutsche Geist der Kraft seines eigenen Wesens und der Tiefe des Christentums fähig bleibt."[46]

„Luther und Hitler"

Wie tief auch im Bewusstsein vieler zeitgenössischer Protestanten, die keine Deutschen Christen waren, die Zusammengehörigkeit von Luther und Hitler gewesen ist, zeigt ein längerer Beitrag des Erlanger Kirchenhistorikers Hans Preuß in der Evangelisch-Lutherischen Kirchenzeitung, der Führungszeitschrift des deutschen Luthertums, von Oktober und November 1933 über „Luther und Hitler".[47] Preuß weiß natürlich um die Unterschiede der beiden „deutschen Führer", aber er macht einen biographisch-systematischen Vergleich zwischen ihnen:

- Beiden geht der Schrei nach einem großen Mann der Rettung voraus;
- beide kommen aus dem unverdorbenen Volk;
- beide machen das ganze Elend ihrer Zeit durch: Luther den Jammer des ausgehenden Mittelalters und Hitler den Weltkrieg „gaserblindet, und das Grausen des Marxismus, also nationale und soziale Verderbnis in Potenz";
- Luther beginnt sein größtes Werk der Bibelübersetzung auf der Wartburg, Hitler schreibt „Mein Kampf" auf der Festung Landsberg;
- Luther zugute kommt die Buchdruckerkunst, Hitler „das Fabelwesen des Rundfunks";
- beide lieben ihr Deutschland, sind erdverbunden, Feinde von Zins und Wucher und kämpfen leidenschaftlich gegen das Judentum;
- beide haben große Liebe zu den Kreaturen, ihre Hunde kennt man mit Namen;
- beide sind kinderlieb;

- beide ehren die Frauen als die opferbereiten Mütter ihrer Kinder;
- beide sind Künstler: Luther der Töne, Hitler der bildenden Kunst, Architektur und Malerei – beide Künstler des Wortes;
- beide ehren die geschichtliche Vergangenheit und betonen den praktischen Wert der geschichtlichen Kenntnis;
- beide betonen die Bedeutung der Antike für die deutsche Kultur;
- beide sind Kämpfernaturen, zeigen in Konfliktsituationen konsequenten Charakter;
- beide lehnen den Parlamentarismus ab;
- beide kämpfen einen Zweifrontenkrieg: Luther gegen Rom und die Schwärmer, Hitler gegen die Schwarzen und die Roten;
- beide müssen sich gegen die Schar der Verleumder und Lügner durchsetzen;
- beide fühlen sich vor ihrem Volk mit Gott verbunden. Hitler nimmt den Namen Gott zwar selten in den Mund, er spricht von „Vorsehung", „Schicksal" oder „Himmel". „Aber manchmal bricht doch seine persönliche Verbundenheit mit dem persönlichen Gott ergreifend heraus". Er weiß, dass Gott ihn zur Erfüllung seiner Mission auserwählt hat.

Preuß zitierte aus der Königsberger Rede von Hitler am Vorabend der Wahl vom 5. März 1933: „Ich habe mich einer Idee verschrieben mit Leib und Seele und habe 14 Jahre lang gepredigt und heute muss ich sagen: Es kann nicht gegen den Willen der Vorsehung gepredigt worden sein, sonst hätte der gnädige Gott nicht ermöglicht, in 14 Jahren aus 7 Mann eine Bewegung aufzubauen, die heute Deutschlands Rettung ist ... und wir sind alle stolz, dass wir durch Gottes gnädige Hilfe wieder zu wahrhaften Deutschen geworden sind."[48]

Preuß zitierte noch weitere Ereignisse aus dem Leben und den Reden Hitlers, die seine persönliche Gläubigkeit erweisen sollen. Zuletzt zitierte er aus Hitlers 1. Mai-Rede: „Herr, wir lassen nicht von Dir! – Nun segne unseren Kampf und unsere Arbeit und damit unser deutsches Volk und Vaterland! So rang er mit seinem Gott vor allem Volk unter dem flammenden Himmel."[49]

Preuß will die Art von beiden verglichen haben. Er fragte, ob man auch ihr Werk vergleichen kann: „Inhaltlich natürlich nicht, denn jenes ist geistlich, dieses weltlich. Aber doch besteht auch hier eine grundlegende Parallele: ihre Werke sind beide Mal Errettung aus deutscher Not."

Luther warnte vor einer Vermischung von Religion mit Politik, Hitler will kein religiöser Reformator sein: „Das alles darf nicht übersehen werden. Allein die Gemeinsamkeit je eines Rettungswerkes an Deutschland (und sicher auch an der ganzen Welt, wie bei Luther so bei Hitler!) bleibt. Und zwar sind es Rettungswerke von solcher Bedeutung, dass das dankbare Volk in seinem Jubel beide Male, bei Luther wie bei Hitler, bis an die Grenze der Apotheose ging."

Preuß schloss seinen Aufsatz mit den Sätzen: „Man hat gesagt, das deutsche Volk habe dreimal geliebt: Karl den Großen, Luther und Friedrich den Großen. Wir dürfen nun getrost unsern Volkskanzler hinzufügen. Und das ist wohl die lieblichste Parallele zwischen Martin Luther und Adolf Hitler."

Luthers Judenfeindschaft und Hitlers Antisemitismus

Es fällt nun auf, dass in den öffentlichen offiziellen Reden nicht die Judenfeindschaft des späteren Luther mit dem Antisemitismus bei Hitler näher verglichen wird. Eine Ausbeutung der Schriften Luthers über die Judenfrage für die NS-Politik erfolgt erst in den kommenden Jahren. Die wenigen Autoren aus dem Jahr 1933 (meist Nationalsozialisten) halten es für einen forschungsgeschichtlichen und politischen Skandal, dass Luther als Antisemit kaum eine Wirkungsgeschichte im deutschen Protestantismus gehabt hat. Im Gegenteil: Deutschland wurde trotz latenter und hin und wieder ausbrechender Judenfeindschaft das Land der jüdischen Assimilation in die deutsche Kultur und das Land der jüdischen politischen Emanzipation. Seit 1869 gab es verfassungsrechtlich die volle Rechtsgleichheit für Juden. Auch die Darstellung des Nationalsozialisten Dr. Karl Grunsky 1933 in seiner Reihe „Der Aufschwung" „Bekenntnisse Luthers zur Judenfrage" beginnt mit dem Satz: „Vergebens blättert man in volkstümlichen Lutherausgaben, größeren wie kleineren, nach dem, was etwa gegen die Juden gesagt sein könnte ... Die Stimmen, die Juda gelten, (sind) verhallt und verschollen."[50] Und am Ende seiner Broschüre heißt es: „Luthers Gedanken, bisher wenig beachtet, verdienen vor allem zunächst allgemein bekannt zu werden. Unwillkürlich vergleichen wir sie mit der Stellungnahme Adolf Hitlers ..."[51]

Auch ein Karl Otto von der Bach beendete seine Broschüre mit den Sätzen: „Luthers weitsichtige Warnung (vor den Juden) ist an den Pfarrherrn wie an dem übrigen Volk spurlos vorüber gegangen. Vier Jahrhunderte sind verloren, die von den also gekennzeichneten Juden weidlich ausgenutzt worden sind. Das deutsche Volk und besonders der Pfarrstand haben jetzt vor Gott die Pflicht vor Gott und der deutschen Zukunft, das Versäumte nachzuholen, und nunmehr nach Aufklärung die bisherige Vogel-Strauß-Politik zu verlassen, auf den Bahnen der reifen Erkenntnis des großen Reformators zu wandeln."[52]

Es kann nicht mehr Gegenstand unseres heutigen Beitrages sein zu fragen, ob und wie der Protestantismus das Versäumte nachgeholt hat.

... und die Gegenstimmen?

Soweit ein kleiner quellenorientierter Gang durch das Jahr I der neuen nationalsozialistischen Zeitrechnung als „Wendepunkt" der deutschen politischen und religiösen Geschichte.[53]

Natürlich ist die Frage zu stellen: Gab es in Bochum und anderswo nicht andere Stimmen? Wenige, aber es gab sie. Als Beispiel für Bochum sei Lic. Albert Schmidt herausgegriffen. Er war der wichtigste Partner und Freund von Hans Ehrenberg. Vor den Märzwahlen gab er ein Flugblatt heraus mit dem Titel „Narkotikum für das protestantische Deutschland". Er wendete sich gegen die propagandistische Emotionalisierung der Politik und konstatierte: „Das protestantische Deutschland ist heute auf dem besten Wege, am 5. März 1933 im Rausch zu wählen, um dann hernach im politischen und kirchlichen Katzenjammer sich zu quälen."[54]

Und im Mai hält er eine Predigt mit dem Titel „Der Christ und die Obrigkeit". Auch er habe für den neuen Kanzler gebetet, fuhr dann aber fort:

„... das bedeutet nicht, vor elementaren Rechtsverletzungen die Augen schließen. Gott verpflichtet seine Gläubigen zum Gehorsam und Achtung vor der obrigkeitlichen Regierung, aber er verpflichtet sie nicht dazu, auch die zu achten, die neben der geordneten Obrigkeit her sich Gewalt anmaßen , das Recht mit Füßen zu treten und statt die Bürger und ihr Eigentum und Leben zu schützen, Eigentum und Gesundheit deutscher Menschen bedrohen. Im Gegenteil hier gilt es für einen Diener der Kirche in entschlossenem Ernst den Staat an seine göttliche Verpflichtung zu mahnen, die dahin geht, die Guten zu schützen. Ich weiß, in welche Gefahr ich mich begebe, wenn ich spreche, wie ich spreche, aber weder die Rücksicht auf meine fünf Kinder, noch die Rücksicht auf die Gefährtin meines Lebens, noch die Rücksicht auf meine greisen Eltern können mich davon abhalten, von dieser Stelle aus feierlich dagegen Verwahrung einzulegen, dass es noch in dieser letzten Woche möglich war, dass in der Nachbarschaft unserer Stadt ein mir nahe stehender evangelischer Familienvater, ein verdienter Frontsoldat, vor den Augen seiner Frau und Kinder und mitsamt seiner Frau in der Nacht von angeblichen Hütern der neuen Ordnung ohne Grund in seiner Wohnung überfallen und misshandelt worden ist. Über andere Misshandlungen, die mir als Pfarrer anvertraut wurden, habe ich geschwiegen, weil ich bei jenen Fällen noch nicht glaubte, dass Reden meines Amtes sei. Jetzt schweige ich nicht mehr. Wenn die

berufenen Diener des staatlichen Rechtes nicht reden dürfen, dann müssen wir Diener Gottes als die berufenen Hüter des göttlichen Rechtes sprechen. Den Millionen, die heute in Freude schwimmen, sind ja Hunderte und Tausende meiner Amtsbrüder zu Dolmetschen ihrer hohen und begeisterten Gefühle geworden. Es wäre für die Zukunft der Kirche verhängnisvoll, wenn ihre Diener heute nur von dem Licht und nicht auch von den Schattenseiten unserer Zeit sprächen. So will ich heute ein Dolmetsch der Gefühle der Verfemten und Geächteten, der Verfolgten und Bedrückten, der Elenden und Geplagten sein."[55]

So ist auch in Bochum gepredigt worden. Schmidt setzte diese Linie in seiner Luthergedächtnispredigt vom 10. November 1933 fort.[56] Er stellte nicht Luther den Deutschen, sondern Luther den Theologen in die Mitte seiner Predigt. Sie ist ein Protest gegen die politische Instrumentalisierung Luthers für zeitgenössische Interessen, die den Reformator bis zur Unkenntlichkeit verbiegen konnten.

Ähnliches könnte man von Ehrenberg berichten, der in seinem VI. Bezirk mit einer Gemeindegruppe die Augustana (= Confessio Augustana, auch heute noch verbindliche Bekenntnisschrift der lutherischen Kirche von 1530; Anm. d. Red.) durcharbeitete.[57] Aber diese beiden Ausnahmepfarrer, die schon 1933 in Konflikt mit den örtlichen Parteistellen gerieten, sollen heute nicht dargestellt werden. Der eine verlor sein Amt und kam 1938 ins Konzentrationslager Sachsenhausen, der andere verlor aus Solidarität mit Ehrenberg, die er auf der Kanzel in der Pauluskirche bekundet hatte, seine Pfarrstelle in Bochum.

Ein Nachwort

Klaus Scholder hat über die Frühphase der Kirche im Dritten Reich von einer Zeit der Illusionen gesprochen. Es wäre ein weiteres aufregendes Thema, den Prozess der Desillusionierung evangelischer Christen über die Kirchen- und Religionspolitik ihres anfänglich emphatisch begrüßten Retters zu beschreiben. Auch hier in Bochum. Aber genau so aufregend wäre es, die Gründe zu benennen, warum die politische Gefolgschaft des Führers bis zum bitteren Ende mehrheitlich im deutschen Protestantismus ungebrochen blieb. Jedenfalls war der Mythos Hitler erst zu Ende, als der Führer tot und der Krieg verloren war.

Hindenburg mit Hitler, 30. 1. 1933
(Archiv G. Brakelmann)

Anmerkungen

[1] S. Domarus: Hitler, Reden und Proklamationen 1932-1945, Bd.1, 1. Halbband 1932-1934, 191

[2] Ebd. 192

[3] Ebd. 206

[4] Ebd. 208

[5] S. Ingo von Münch/Uwe Brodersen: Gesetze des NS-Staates, Paderborn u. a. 1982, 64ff

[6] Vgl. zum Ganzen Klaus Scholder: Die Kirche und das Dritte Reich. Bd. 1: Vorgeschichte und Zeit der Illusionen 1918-1934, Frankfurt/Main 1977

[7] S. Günther van Norden: Der deutsche Protestantismus im Jahr der nationalsozialistischen Machtergreifung, Gütersloh 1979, 60f, s. weitere kirchliche Ansprachen ebd. 61ff; ders.: Die Stellung der evangelischen Kirche zum nationalsozialistischen Staat im Jahre 1933, Düsseldorf 1963

[8] Vgl. Gerhard Stoll: Die evangelische Zeitschriftenpresse im Jahre 1933, Witten 1963

[9] Vgl. die Predigtsammlung von Pfarrer i. R. Anton: Nationale Feiertagspredigten und Ansprachen, Leipzig 1935

[10] Vgl. Kurt Meier: Der evangelische Kirchenkampf, 1. Bd., Halle/S. 1976, besonders das Einleitungskapitel „Die politische Stimmungslage in der Evangelischen Kirche", 3-56; Vgl. Jürgen F. Falter: Hitlers Wähler, München 1991

[11] Zur Machtübergabe vgl. (in Auswahl):

Essenhagen, Wieland (Hg.): Die „Machtergreifung". Tagebuch einer Wende nach Presseberichten vom 1. Januar bis 6. März 1933, Darmstadt und Neuwied 1982

Wolfgang Hein: Der Marsch zur Machtergreifung, Die NSDAP bis 1933, Düsseldorf 1980

Karl-Heinz Janssen: Der 30. Januar. Ein Tag, der die Welt veränderte, Frankfurt/Main 1983

[12] Vgl. Günter Brakelmann: Nationalprotestantismus und Nationalsozialismus, in: Festschrift für Hans Mommsen „Von der Aufgabe der Freiheit", Berlin 1995, 337-350; ders.: Hoffnungen und Illusionen evangelischer Prediger am Beginn des Dritten Reiches. Gottesdienstliche Feiern aus politischen Anlässen, in: D. Peuckert; J. Reulecke (Hg.): Die Reihe fast geschlossen, Wuppertal 1981, 129-148

[13] Vgl. Günter Brakelmann: Adolf Stoecker als Antisemit, 2 Teile, Waltrop 2004

[14] Vgl. Günter Brakelmann: Kirche und staatliche Judenpolitik 1933, in: Evangelische Kirche und Judenverfolgung, Waltrop 2001, 11-43; vgl.: Die Lage der Juden

in Deutschland 1933. Das Schwarzbuch – Tatsachen und Dokumente, Paris 1934, Frankfurt/Main u. a. 1983

[15] In: Evangelisches Monatsblatt für Westfalen 1933, 91

[16] S. Hanns Lilje: Christus im deutschen Schicksal, Berlin 1933, 7

[17] Vgl. den Kommentar in „Licht und Leben" 1933, 715ff zur Volksabstimmung am 12. November, in: van Norden 1979, 299ff

[18] In: Grüne Blätter 1933, 152f

[19] Vgl. die Gesetzestexte bei Münch/Brodersen

[20] Vgl. „Die Aufgaben der Kirchen in den Konzentrationslagern", in: „Wort und Tat" 1933, 155 und den Bericht „Im Konzentrationslager" in: „Licht und Leben" 1934, 36f

[21] S. van Norden 1979, 299

[22] Vgl. Günter Brakelmann: Hans Ehrenberg. Ein judenchristliches Schicksal in Deutschland, 2 Bde. Waltrop 1999

[23] S. van Norden 1979, 52-55

[24] In: Die nationalsozialistische Revolution 1933, bearbeitet von Axel Friedrichs, Berlin 1940, 41

[25] Potsdamer Chronik (Sammlung Brakelmann)

[26] S. Bochumer Anzeiger vom 22. März, in: Brakelmann, Ehrenberg Bd.2, 38-40

[27] Ebd. 41

[28] S. Friedrichs, 47

[29] Flugblatt (Sammlung Brakelmann)

[30] S. Brakelmann, Ehrenberg, Bd. 2, 44

[31] Vgl. Siegfried Bräuer: Das Lutherjubiläum 1933 und die deutschen Universitäten, in: Theologische Literaturzeitung 1983, 641ff; W.F. Haug (Hg.): Deutsche Philosophen 1933, Hamburg 1989

[32] Flugblatt (Sammlung Brakelmann)

[33] In: Nationale Feiertagspredigten, 34f

[34] Zum Folgenden s. Brakelmann, Ehrenberg, Bd. 2, 44ff

[35] In: Bochumer Anzeiger vom 15.11. 1933; Ein Quellen-Bericht über die „Evangelische Altstadtgemeinde Bochum in kirchlichen Wochenblättern und lokalen Tageszeitungen 1933-1937, Bd. 1: Die Jahre 1933-1934, hat Georg Braumann 2003 vorgelegt. Diese Dokumentation und alle weiteren sind unverzichtbare Grundlage für die Bochumer Kirchengeschichte

[36] Vgl. Günter Brakelmann: Die Evangelische Stadtakademie Bochum. Vorge-schichte und Geschichte bis 1993, in: Manfred Keller (Hg.): Gott und der Welt begegnen, Bochum 2003, 47-97

[37] S. Brakelmann, Ehrenberg, Bd. 2, 56

[38] Peters (Sammlung Brakelmann)

[39] Leffler ebd.

[40] In: Deutsche Theologie 1933

[41] Ebd. 1933, 10

[42] Heussi (Sammlung Brakelmann)

[43] Vgl. u . a. Heinrich Bornkamm: Volk und Rasse bei Luther, in: Volk, Staat, Kirche, Gießen 1933, 5-19; Friedrich Gogarten: Luther der Theologe, in: Deutsche Theologie 1933, 1- 10; Emanuel Hirsch: Luthers Berufung, ebd. 24-34; Artur Weiser: Das Alte Testament in der christlich-völkischen Gegenwart, ebd. 1934, 47-56; Walter Grundmann: Die Neufassung der Theologie und der Aufbruch der Nation, ebd. 39-45; Hermann Wolfgang Beyer: Im Kampf um Volk und Kirche. Reden und Aufsätze, Dresden 1934

Vgl. auch: Robert P. Erickson: Theologen unter Hitler. Das Bündnis zwischen evangelischer Dogmatik und Nationalsozialismus, München-Wien 1986; Thomas Kaufmann/Harry Oelke (Hg.): Evangelische Kirchenhistoriker im „Dritten Reich“, Gütersloh 2002; Michael Ley/Julius H. Schoeps (Hg.): Der Nationalsozialismus als politische Religion, Bodenheim b. Mainz 1997; Claus-Ekkehard Bärsch: Die politische Religion des Nationalsozialismus, München 1998

[44] S. van Norden 1979, 132

[45] Sonderdruck Berlin 1933, 24

[46] S. Hans Preuß: Luther und Hitler, in: AELK Nr. 42 und 43, 1933

[47] S. Dokumente zur Kirchenpolitik des Dritten Reiches, Bd. 1 Das Jahr 1933, München 1971, 14

[48] S. Friedrichs, 166

[49] S. K. Grunsky: Bekenntnisse Luthers zur Judenfrage, Stuttgart 1933, 5

[50] Ebd. 86

[51] Von der Bach

[52] Vgl. Wulf Bley: Das Jahr I. Rhythmus und Tatbestände des ersten Jahres nationalsozialistischer Staatsführung, Berlin 1934

[53] S. Martin Rosowski (Hrsg.): Albert Schmidt 1893-1945. Politische und pastorale Existenz in christlich-sozialer Verantwortung, Bochum 1994, 128

[54] Ebd. 156

[55] Ebd. 157-160

[56] Vgl. Kapitel 2 „Der Pfarrer des 6. Bezirks und seine Gemeinde zu Beginn der ‘Wende‘“, in: Brakelmann, Ehrenberg Bd.2, 100-106

Eine Nachbemerkung: nach 1945 hat es eine große Debatte um die Schuldfrage gegeben. Einen Überblick über diese Debatte bei: Barbro Eberan: Luther? Friedrich „der Große"? Wagner? Nietzsche...?...?, Wer war an Hitler Schuld?, München 1983

Evangelium im Dritten Reich, 30/1933
(Archiv G. Brakelmann)

Friedrich II., Sammelbildchen; ausgegeben vom Amt für Volkswohlfahrt;
NSDAP, Ortsgruppe Kleve, 1936
(Archiv G. Brakelmann)

Abkürzungen

DC (DCer) = Deutsche Christen. Die Deutschen Christen (DC) waren eine rassistische, antisemitische und am Führerprinzip orientierte Strömung im deutschen Protestantismus, die diesen von 1932 bis 1945 an die Ideologie des Nationalsozialismus angleichen wollte

DDR = Deutsche Demokratische Republik, gegründet am 07. 10. 1949. Sie wurde am 03. 10. 1990 mit der Bundesrepublik Deutschland vereinigt.

DNVP = Deutschnationale Volkspartei. Eine am 24. 11. 1918 gegründete rechtskonservative Partei der Weimarer Republik, deren Mitgliedschaft nach der Selbstauflösung der Partei im Juni 1933 zumeist der NSDAP beigetreten ist.

EOK = Evangelischer Oberkirchenrat. Der EOK war die oberste Kirchenbehörde der preußischen Landeskirche in Berlin. Er wurde durch königlichen Erlass vom 29. Juni 1850 als oberste Kirchenbehörde der preußischen Landeskirche der alten Provinzen installiert.

NSDAP = Nationalsozialistische Deutsche Arbeiterpartei. Sie ging aus der Deutschen Arbeiterpartei (DAP) hervor, die sich am 24. 02. 1920 in NSDAP umbenannt hat. Von 1933 bis 1945, in der Zeit des Nationalsozialismus, war sie die einzige zugelassene Partei in Deutschland. Nach dem Ende des II. Weltkrieges und der nationalsozialistischen Diktatur 1945 wurde die NSADA aufgelöst und verboten.

NS = Abkürzung für „nationalsozialistisch" (vgl. NSDAP)

SA = Sturmabteilung. Die SA war – vor allem während der Weimarer Republik – der paramilitärische Versammlungsschutz der NSDAP, der seit dem 04. 11. 1921 offiziell diese Bezeichnung trug.

Günter Brakelmann | Foto: privat

Zur Person: Günter Brakelmann

Günter Brakelmann wurde am 3. September 1931 in Bochum geboren.

Er studierte evangelische Theologie, Sozialwissenschaften und Geschichtswissenschaften an der Eberhard-Karls-Universität Tübingen und der Westfälischen Wilhelms-Universität in Münster.

Nach seiner Promotion 1959 wurde Brakelmann zunächst Berufsschul- und Studentenpfarrer in Siegen.

Von 1962 bis 1968 war er Dozent an der Evangelischen Sozialakademie in Friedewald.

1967 wurde er Wissenschaftlicher Mitarbeiter am Institut für Christliche Gesellschaftslehre der Westfälischen Wilhelms-Universität in Münster, bevor er 1970 zum Direktor der Evangelischen Akademie Berlin berufen wurde.

1972 nahm er einen Ruf auf den Lehrstuhl für Christliche Gesellschaftslehre an der Ruhr-Universität Bochum an, auf dem er bis zu seiner Emeritierung 1996 blieb.

Von 1980 bis 1996 war er auch Direktor des Sozialwissenschaftlichen Instituts (SWI) der Evangelischen Kirche in Deutschland (EKD), das bis 2004 in Bochum angesiedelt war.

Brakelmann, der in verschiedenen Gremien der westfälischen Landeskirche, der Evangelischen Kirche in Deutschland und der SPD, der er seit 1957 angehört, tätig war, war auch Mitglied verschiedener Gremien des Westdeutschen Rundfunks und des Programmbeirats für das Erste Deutsche Fernsehen.

Seine Forschungsschwerpunkte liegen seit seiner Emeritierung in der Geschichte des Antisemitismus und der Geschichte des Widerstandes gegen den Nationalsozialismus.

2000 wurde Günter Brakelmann mit dem Hans-Ehrenberg-Preis der Hans Ehrenberg Gesellschaft und des Evangelischen Kirchenkreises Bochum ausgezeichnet.

Karrikatur von John Heartfield
Aus: John Heartfield, Krieg im Frieden. Fotomontagen zur Zeit 1930-1938,
Frankfurt/Main, 1981, S. 48
(Archiv G. Brakelmann)

Günter Brakelmann: Ausgewählte Publikationen

Kirche im Krieg. Der deutsche Protestantismus am Beginn des Zweiten Weltkriegs. München 1980

Abschied vom Unverbindlichen. Gedanken eines Christen zum Demokratischen Sozialismus. Gütersloh 1982

Mit Klaus Peters

Karl Marx über Religion und Emanzipation I. Gütersloh 1982

Karl Marx über Religion und Emanzipation II. Gütersloh 1982

Kirche, soziale Frage und Sozialismus I. Gütersloh 1983

Kirche in Konflikten ihrer Zeit. Sechs Einblicke. München 1986

Zwischen Widerstand und Mitverantwortung: Vier Studien zu Protestantismus in sozialen Konflikten. Bochum (SWI Verlag) 1994

Mit Traugott Jähnichen

Die protestantischen Wurzeln der Sozialen Marktwirtschaft. Ein Quellenband. Gütersloh 1994

Konfessioneller Nationalismus. In: Reden und Gegenreden. Bochum (SWI Verlag) 1996

Kirche im Zweiten Weltkrieg. In: Reden und Gegenreden. Bochum (SWI Verlag) 1996

Protestanten im Widerstand: Der Kreisauer Kreis um Helmuth James von Moltke. In: Reden und Gegenreden. Bochum (SWI Verlag) 1996

Konfessionalismus und Nationalismus. In: Bernd Faulenbach, Karsten Rudolph, Manfred Schlösser (Hg.): Bochumer Beiträge zur Nationalismusdebatte. Essen 1997

Kirche im Ruhrgebiet. Essen 1998

Hans Ehrenberg – Eine Pfarrerschicksal in Bochum 1925 bis 1938. In: Christen an der Ruhr, Band 1, hg. Von Alfred Pothmann und Reimund Haas. Essen 1998, S. 189 - 200

Hans Ehrenberg. Ein judenchristliches Schicksal in Deutschland.

Band1: Leben, Denken und Wirken 1883-1932. Waltrop 1997

Band.2: Widerstand, Verfolgung und Emigration 1933-1939. Waltrop 1999

(Hg.): Hans Ehrenberg. Autobiographie eines deutschen Pfarrers. Waltrop 1999

Evangelische Kirche und Judenverfolgung. Waltrop 2001

Christen im Widerstand: Die Freiburger Denkschriften. In: Für eine menschlichere Gesellschaft. Band 2. Bochum (SWI Verlag) 2001

Helmuth James von Moltke (1907-1945): Protestant und ökumenischer Christ. In: Für eine menschlichere Gesellschaft. Band 2. Bochum (SWI Verlag) 2001

Konfessionelles Bewusstsein im werdenden Ruhrgebiet 1870 bis 1918. In: Für eine menschlichere Gesellschaft. Band 2. Bochum (SWI Verlag) 2001

Mit Martin Rosowski

(Hg.): Antisemitismus. Von religiöser Judenfeindschaft zur Rassenideologie. Göttingen 2001

Mit Manuela von Brocke

Emanzipation und Antisemitismus. Emanzipation und Antisemitismus. Band 1: 1869-1877. Waltrop 2002

Die Evangelische Stadtakademie Bochum. Vorgeschichte und Geschichte bis 1933. In: Manfred Keller (Hg.): Gott und der Welt begegnen. 50 Jahre Evangelische Stadtakademie für Bochum. Bochum 2003

Geschichte der Heimvolkshochschule Wislade in der Zeit der Weimarer Republik. In: Jahrbuch für Westfälische Kirchengeschichte, Band 98. Bielefeld 2003

Die Kreisauer: folgenreiche Begegnungen. Münster 2003

Der Kreisauer Kreis. Chronologie, Kurzbiographien und Texte aus dem Widerstand. Münster 2003

Adolf Stoecker als Antisemit. 2 Bände: Darstellung und Dokumente. Waltrop 2004

Mit Manfred Keller

Der 20. Juli 1944 und das Erbe des deutschen Widerstandes. Münster 2005

Mit Traugott Jähnichen

Dietrich Bonhoeffer – Stationen und Motive auf dem Weg in den politischen Widerstand. Münster 2005

Helmuth James von Moltke: 1907 - 1945. Eine Biographie. München 2007

Christsein im Widerstand: Helmuth James von Moltke: Einblicke in das Leben eines jungen Deutschen. Münster 2008